DIESES FREUNDEALBUM GEHÖRT:

GEBURTSTAGSKALENDER

JANUAR

FEBRUAR

MÄRZ

APRIL

MAI

JUNI

JULI

AUGUST

SEPTEMBER

OKTOBER

NOVEMBER

DEZEMBER

SO SEHE ICH AUS

Foto

DAS BIN ICH

Mein Name:

Mein Geburtstag:

Hier wohne ich:

So erreichst Du mich:

Mein Sternzeichen:

Meine Klasse:

Mein/e Lehrer/in:

Das macht mir besonders Spaß:

Das mag ich nicht so gerne:

Meine Hobbys:

Das kann ich richtig gut:

Das esse ich gerne:

So würde ich mich beschreiben:

Wenn ich groß bin, werde ich:

ICH BIN...

☐ fröhlich ☐ neugierig
☐ witzig ☐ geduldig
☐ kreativ ☐ offen
☐ aktiv ☐ individuell
☐ sensibel ☐ selbstsicher

MEIN FINGERABDRUCK

MEIN/E LIEBLINGS...

Musik: ....
Film/Serie: ....
Star: ....
Tier: ....
Schulfach: ....
Lehrer/in: ....

Meine Augenfarbe:

MALE SELBST

Meine Haarfarbe:

MALE SELBST

Meine Lieblingsfarbe:

MALE SELBST

SO GROSS BIN ICH

155
150
145
140
135
130
125
120
115
110
105
100
95
cm

Datum:

PLATZ FÜR FOTOS, ZEICHNUNGEN UND WÜNSCHE

FREUNDE STECKBRIEF

So sehe ich aus

Foto

Mein Name:

Mein Geburtstag:

Hier wohne ich:

So erreichst Du mich:

Mein Sternzeichen:

Meine Klasse:

Mein/e Lehrer/in:

Das macht mir besonders Spaß:

Das mag ich nicht so gerne:

Meine Hobbys:

Das kann ich richtig gut:

Das esse ich gerne:

So würde ich Dich beschreiben:

Das mag ich an Dir:

Wenn ich groß bin, werde ich:

Ich bin...

- ☐ fröhlich
- ☐ witzig
- ☐ kreativ
- ☐ aktiv
- ☐ sensibel
- ☐ neugierig
- ☐ geduldig
- ☐ offen
- ☐ individuell
- ☐ selbstsicher

Mein Fingerabdruck

MEIN/E LIEBLINGS...

Musik: ....
Film/Serie: ....
Star: ....
Tier: ....
Schulfach: ....
Lehrer/in: ....

Meine Augenfarbe:

MALE SELBST

Meine Haarfarbe:

MALE SELBST

Meine Lieblingsfarbe:

MALE SELBST

SO GROSS BIN ICH

155
150
145
140
135
130
125
120
115
110
105
100
95
cm

Datum:

PLATZ FÜR FOTOS, ZEICHNUNGEN UND WÜNSCHE

SO SEHE ICH AUS

FREUNDE STECKBRIEF

Foto

Mein Name:

Mein Geburtstag:

Hier wohne ich:

So erreichst Du mich:

Mein Sternzeichen:

Meine Klasse:

Mein/e Lehrer/in:

Das macht mir besonders Spaß:

Das mag ich nicht so gerne:

Meine Hobbys:

Das kann ich richtig gut:

Das esse ich gerne:

So würde ich Dich beschreiben:

Das mag ich an Dir:

Wenn ich groß bin, werde ich:

ICH BIN...

- ☐ fröhlich
- ☐ neugierig
- ☐ witzig
- ☐ geduldig
- ☐ kreativ
- ☐ offen
- ☐ aktiv
- ☐ individuell
- ☐ sensibel
- ☐ selbstsicher

MEIN FINGERABDRUCK

MEIN/E LIEBLINGS...

Musik: _____
Film/Serie: _____
Star: _____
Tier: _____
Schulfach: _____
Lehrer/in: _____

Meine Augenfarbe:

MALE SELBST

Meine Haarfarbe:

MALE SELBST

Meine Lieblingsfarbe:

MALE SELBST

SO GROSS BIN ICH

155
150
145
140
135
130
125
120
115
110
105
100
95
cm

Datum:

PLATZ FÜR FOTOS, ZEICHNUNGEN UND WÜNSCHE

SO SEHE ICH AUS

FREUNDE STECKBRIEF

Foto

Mein Name:

Mein Geburtstag:

Hier wohne ich:

So erreichst Du mich:

Mein Sternzeichen:

Meine Klasse:

Mein/e Lehrer/in:

Das macht mir besonders Spaß:

Das mag ich nicht so gerne:

Meine Hobbys:

Das kann ich richtig gut:

Das esse ich gerne:

So würde ich Dich beschreiben:

Das mag ich an Dir:

Wenn ich groß bin, werde ich:

ICH BIN...

- [ ] fröhlich
- [ ] witzig
- [ ] kreativ
- [ ] aktiv
- [ ] sensibel
- [ ] neugierig
- [ ] geduldig
- [ ] offen
- [ ] individuell
- [ ] selbstsicher

MEIN FINGERABDRUCK

MEIN/E LIEBLINGS...

Musik:

Film/Serie:

Star:

Tier:

Schulfach:

Lehrer/in:

Meine Augenfarbe:

MALE SELBST

Meine Haarfarbe:

MALE SELBST

Meine Lieblingsfarbe:

MALE SELBST

SO GROSS BIN ICH

155
150
145
140
135
130
125
120
115
110
105
100
95

cm

Datum:

PLATZ FÜR FOTOS, ZEICHNUNGEN UND WÜNSCHE

SO SEHE ICH AUS

Foto

FREUNDE STECKBRIEF

Mein Name:

Mein Geburtstag:

Hier wohne ich:

So erreichst Du mich:

Mein Sternzeichen:

Meine Klasse:

Mein/e Lehrer/in:

Das macht mir besonders Spaß:

Das mag ich nicht so gerne:

Meine Hobbys:

Das kann ich richtig gut:

Das esse ich gerne:

So würde ich Dich beschreiben:

Das mag ich an Dir:

Wenn ich groß bin, werde ich:

ICH BIN...

- ☐ fröhlich
- ☐ neugierig
- ☐ witzig
- ☐ geduldig
- ☐ kreativ
- ☐ offen
- ☐ aktiv
- ☐ individuell
- ☐ sensibel
- ☐ selbstsicher

MEIN FINGERABDRUCK

MEIN/E LIEBLINGS...

Musik:

Film/Serie:

Star:

Tier:

Schulfach:

Lehrer/in:

Meine Augenfarbe:

MALE SELBST

Meine Haarfarbe:

MALE SELBST

Meine Lieblingsfarbe:

MALE SELBST

SO GROSS BIN ICH

155
150
145
140
135
130
125
120
115
110
105
100
95
cm

Datum:

PLATZ FÜR FOTOS, ZEICHNUNGEN UND WÜNSCHE

FREUNDE STECKBRIEF

SO SEHE ICH AUS

Foto

Mein Name:

Mein Geburtstag:

Hier wohne ich:

So erreichst Du mich:

Mein Sternzeichen:

Meine Klasse:

Mein/e Lehrer/in:

Das macht mir besonders Spaß:

Das mag ich nicht so gerne:

Meine Hobbys:

Das kann ich richtig gut:

Das esse ich gerne:

So würde ich Dich beschreiben:

Das mag ich an Dir:

Wenn ich groß bin, werde ich:

ICH BIN...

- ☐ fröhlich
- ☐ witzig
- ☐ kreativ
- ☐ aktiv
- ☐ sensibel
- ☐ neugierig
- ☐ geduldig
- ☐ offen
- ☐ individuell
- ☐ selbstsicher

MEIN FINGERABDRUCK

MEIN/E LIEBLINGS...

Musik:

Film/Serie:

Star:

Tier:

Schulfach:

Lehrer/in:

Meine Augenfarbe:

○ ○ ○ ○ ○ MALE SELBST

Meine Haarfarbe:

○ ○ ○ ○ ○ MALE SELBST

Meine Lieblingsfarbe:

○ ○ ○ ○ ○ MALE SELBST

SO GROSS BIN ICH

155
150
145
140
135
130
125
120
115
110
105
100
95
cm

Datum:

PLATZ FÜR FOTOS, ZEICHNUNGEN UND WÜNSCHE

SO SEHE ICH AUS

FREUNDE STECKBRIEF

Foto

Mein Name:

Mein Geburtstag:

Hier wohne ich:

So erreichst Du mich:

Mein Sternzeichen:

Meine Klasse:

Mein/e Lehrer/in:

Das macht mir besonders Spaß:

Das mag ich nicht so gerne:

Meine Hobbys:

Das kann ich richtig gut:

Das esse ich gerne:

So würde ich Dich beschreiben:

Das mag ich an Dir:

Wenn ich groß bin, werde ich:

ICH BIN...

- ☐ fröhlich
- ☐ witzig
- ☐ kreativ
- ☐ aktiv
- ☐ sensibel
- ☐ neugierig
- ☐ geduldig
- ☐ offen
- ☐ individuell
- ☐ selbstsicher

MEIN FINGERABDRUCK

MEIN/E LIEBLINGS...

Musik:

Film/Serie:

Star:

Tier:

Schulfach:

Lehrer/in:

Meine Augenfarbe:

○ ○ ○ ○ ○ MALE SELBST

Meine Haarfarbe:

○ ○ ○ ○ ○ MALE SELBST

Meine Lieblingsfarbe:

○ ○ ○ ○ ○ MALE SELBST

SO GROSS BIN ICH

155
150
145
140
135
130
125
120
115
110
105
100
95

cm

Datum:

PLATZ FÜR FOTOS, ZEICHNUNGEN UND WÜNSCHE

SO SEHE ICH AUS

Foto

FREUNDE STECKBRIEF

Mein Name:

Mein Geburtstag:

Hier wohne ich:

So erreichst Du mich:

Mein Sternzeichen:

Meine Klasse:

Mein/e Lehrer/in:

Das macht mir besonders Spaß:

Das mag ich nicht so gerne:

Meine Hobbys:

Das kann ich richtig gut:

Das esse ich gerne:

So würde ich Dich beschreiben:

Das mag ich an Dir:

Wenn ich groß bin, werde ich:

ICH BIN...

- ☐ fröhlich
- ☐ witzig
- ☐ kreativ
- ☐ aktiv
- ☐ sensibel
- ☐ neugierig
- ☐ geduldig
- ☐ offen
- ☐ individuell
- ☐ selbstsicher

MEIN FINGERABDRUCK

MEIN/E LIEBLINGS...

Musik: ....

Film/Serie: ....

Star: ....

Tier: ....

Schulfach: ....

Lehrer/in: ....

Meine Augenfarbe:

MALE SELBST

Meine Haarfarbe:

MALE SELBST

Meine Lieblingsfarbe:

MALE SELBST

SO GROSS BIN ICH

155
150
145
140
135
130
125
120
115
110
105
100
95

cm

Datum:

PLATZ FÜR FOTOS, ZEICHNUNGEN UND WÜNSCHE

SO SEHE ICH AUS

FREUNDE STECKBRIEF

Foto

Mein Name:

Mein Geburtstag:

Hier wohne ich:

So erreichst Du mich:

Mein Sternzeichen:

Meine Klasse:

Mein/e Lehrer/in:

Das macht mir besonders Spaß:

Das mag ich nicht so gerne:

Meine Hobbys:

Das kann ich richtig gut:

Das esse ich gerne:

So würde ich Dich beschreiben:

Das mag ich an Dir:

Wenn ich groß bin, werde ich:

ICH BIN...

- ☐ fröhlich
- ☐ neugierig
- ☐ witzig
- ☐ geduldig
- ☐ kreativ
- ☐ offen
- ☐ aktiv
- ☐ individuell
- ☐ sensibel
- ☐ selbstsicher

MEIN FINGERABDRUCK

MEIN/E LIEBLINGS...

Musik:

Film/Serie:

Star:

Tier:

Schulfach:

Lehrer/in:

Meine Augenfarbe:

MALE SELBST

Meine Haarfarbe:

MALE SELBST

Meine Lieblingsfarbe:

MALE SELBST

SO GROSS BIN ICH

155
150
145
140
135
130
125
120
115
110
105
100
95

cm

Datum:

PLATZ FÜR FOTOS, ZEICHNUNGEN UND WÜNSCHE

FREUNDE STECKBRIEF

So sehe ich aus

Foto

Mein Name:

Mein Geburtstag:

Hier wohne ich:

So erreichst Du mich:

Mein Sternzeichen:

Meine Klasse:

Mein/e Lehrer/in:

Das macht mir besonders Spaß:

Das mag ich nicht so gerne:

Meine Hobbys:

Das kann ich richtig gut:

Das esse ich gerne:

So würde ich Dich beschreiben:

Das mag ich an Dir:

Wenn ich groß bin, werde ich:

Ich bin...

- ☐ fröhlich
- ☐ witzig
- ☐ kreativ
- ☐ aktiv
- ☐ sensibel
- ☐ neugierig
- ☐ geduldig
- ☐ offen
- ☐ individuell
- ☐ selbstsicher

Mein Fingerabdruck

MEIN/E LIEBLINGS...

Musik:

Film/Serie:

Star:

Tier:

Schulfach:

Lehrer/in:

Meine Augenfarbe:

MALE SELBST

Meine Haarfarbe:

MALE SELBST

Meine Lieblingsfarbe:

MALE SELBST

SO GROSS BIN ICH

155
150
145
140
135
130
125
120
115
110
105
100
95

cm

Datum:

PLATZ FÜR FOTOS, ZEICHNUNGEN UND WÜNSCHE

SO SEHE ICH AUS

Foto

FREUNDE STECKBRIEF

Mein Name:

Mein Geburtstag:

Hier wohne ich:

So erreichst Du mich:

Mein Sternzeichen:

Meine Klasse:

Mein/e Lehrer/in:

Das macht mir besonders Spaß:

Das mag ich nicht so gerne:

Meine Hobbys:

Das kann ich richtig gut:

Das esse ich gerne:

So würde ich Dich beschreiben:

Das mag ich an Dir:

Wenn ich groß bin, werde ich:

ICH BIN...

- ☐ fröhlich
- ☐ neugierig
- ☐ witzig
- ☐ geduldig
- ☐ kreativ
- ☐ offen
- ☐ aktiv
- ☐ individuell
- ☐ sensibel
- ☐ selbstsicher

MEIN FINGERABDRUCK

MEIN/E LIEBLINGS...

Musik:

Film/Serie:

Star:

Tier:

Schulfach:

Lehrer/in:

Meine Augenfarbe:

MALE SELBST

Meine Haarfarbe:

MALE SELBST

Meine Lieblingsfarbe:

MALE SELBST

SO GROSS BIN ICH

155
150
145
140
135
130
125
120
115
110
105
100
95

cm

Datum:

PLATZ FÜR FOTOS, ZEICHNUNGEN UND WÜNSCHE

SO SEHE ICH AUS

Foto

FREUNDE STECKBRIEF

Mein Name:

Mein Geburtstag:

Hier wohne ich:

So erreichst Du mich:

Mein Sternzeichen:

Meine Klasse:

Mein/e Lehrer/in:

Das macht mir besonders Spaß:

Das mag ich nicht so gerne:

Meine Hobbys:

Das kann ich richtig gut:

Das esse ich gerne:

So würde ich Dich beschreiben:

Das mag ich an Dir:

Wenn ich groß bin, werde ich:

ICH BIN...

- ☐ fröhlich
- ☐ neugierig
- ☐ witzig
- ☐ geduldig
- ☐ kreativ
- ☐ offen
- ☐ aktiv
- ☐ individuell
- ☐ sensibel
- ☐ selbstsicher

MEIN FINGERABDRUCK

MEIN/E LIEBLINGS...

Musik: ....

Film/Serie: ....

Star: ....

Tier: ....

Schulfach: ....

Lehrer/in: ....

Meine Augenfarbe:

MALE SELBST

Meine Haarfarbe:

MALE SELBST

Meine Lieblingsfarbe:

MALE SELBST

SO GROSS BIN ICH

155
150
145
140
135
130
125
120
115
110
105
100
95
cm

Datum:

PLATZ FÜR FOTOS, ZEICHNUNGEN UND WÜNSCHE

SO SEHE ICH AUS

FREUNDE STECKBRIEF

Foto

Mein Name: ....

Mein Geburtstag: ....

Hier wohne ich: ....
....

So erreichst Du mich: ....

Mein Sternzeichen: ....

Meine Klasse: ....

Mein/e Lehrer/in: ....
....

Das macht mir besonders Spaß: ....

Das mag ich nicht so gerne: ....

Meine Hobbys: ....
....

Das kann ich richtig gut: ....

Das esse ich gerne: ....

So würde ich Dich beschreiben: ....

Das mag ich an Dir: ....

Wenn ich groß bin, werde ich: ....

ICH BIN...

- ☐ fröhlich
- ☐ neugierig
- ☐ witzig
- ☐ geduldig
- ☐ kreativ
- ☐ offen
- ☐ aktiv
- ☐ individuell
- ☐ sensibel
- ☐ selbstsicher

MEIN FINGERABDRUCK

MEIN/E LIEBLINGS...

Musik:

Film/Serie:

Star:

Tier:

Schulfach:

Lehrer/in:

Meine Augenfarbe:

MALE SELBST

Meine Haarfarbe:

MALE SELBST

Meine Lieblingsfarbe:

MALE SELBST

SO GROSS BIN ICH

155
150
145
140
135
130
125
120
115
110
105
100
95
cm

Datum:

PLATZ FÜR FOTOS, ZEICHNUNGEN UND WÜNSCHE

SO SEHE ICH AUS

FREUNDE STECKBRIEF

Foto

Mein Name:

Mein Geburtstag:

Hier wohne ich:

So erreichst Du mich:

Mein Sternzeichen:

Meine Klasse:

Mein/e Lehrer/in:

Das macht mir besonders Spaß:

Das mag ich nicht so gerne:

Meine Hobbys:

Das kann ich richtig gut:

Das esse ich gerne:

So würde ich Dich beschreiben:

Das mag ich an Dir:

Wenn ich groß bin, werde ich:

ICH BIN...

- ☐ fröhlich
- ☐ witzig
- ☐ kreativ
- ☐ aktiv
- ☐ sensibel
- ☐ neugierig
- ☐ geduldig
- ☐ offen
- ☐ individuell
- ☐ selbstsicher

MEIN FINGERABDRUCK

MEIN/E LIEBLINGS...

Musik:

Film/Serie:

Star:

Tier:

Schulfach:

Lehrer/in:

Meine Augenfarbe:

○ ○ ○ ○ ○
MALE SELBST

Meine Haarfarbe:

○ ○ ○ ○ ○
MALE SELBST

Meine Lieblingsfarbe:

○ ○ ○ ○ ○
MALE SELBST

SO GROSS BIN ICH

155
150
145
140
135
130
125
120
115
110
105
100
95
cm

Datum:

PLATZ FÜR FOTOS, ZEICHNUNGEN UND WÜNSCHE

SO SEHE ICH AUS

Foto

FREUNDE STECKBRIEF

Mein Name:

Mein Geburtstag:

Hier wohne ich:

So erreichst Du mich:

Mein Sternzeichen:

Meine Klasse:

Mein/e Lehrer/in:

Das macht mir besonders Spaß:

Das mag ich nicht so gerne:

Meine Hobbys:

Das kann ich richtig gut:

Das esse ich gerne:

So würde ich Dich beschreiben:

Das mag ich an Dir:

Wenn ich groß bin, werde ich:

ICH BIN...

☐ fröhlich ☐ neugierig
☐ witzig ☐ geduldig
☐ kreativ ☐ offen
☐ aktiv ☐ individuell
☐ sensibel ☐ selbstsicher

MEIN FINGERABDRUCK

MEIN/E LIEBLINGS...

Musik:

Film/Serie:

Star:

Tier:

Schulfach:

Lehrer/in:

Meine Augenfarbe:

MALE SELBST

Meine Haarfarbe:

MALE SELBST

Meine Lieblingsfarbe:

MALE SELBST

SO GROSS BIN ICH

155
150
145
140
135
130
125
120
115
110
105
100
95
cm

Datum:

PLATZ FÜR FOTOS, ZEICHNUNGEN UND WÜNSCHE

FREUNDE STECKBRIEF

SO SEHE ICH AUS

Foto

Mein Name:

Mein Geburtstag:

Hier wohne ich:

So erreichst Du mich:

Mein Sternzeichen:

Meine Klasse:

Mein/e Lehrer/in:

Das macht mir besonders Spaß:

Das mag ich nicht so gerne:

Meine Hobbys:

Das kann ich richtig gut:

Das esse ich gerne:

So würde ich Dich beschreiben:

Das mag ich an Dir:

Wenn ich groß bin, werde ich:

ICH BIN...

- ☐ fröhlich
- ☐ witzig
- ☐ kreativ
- ☐ aktiv
- ☐ sensibel
- ☐ neugierig
- ☐ geduldig
- ☐ offen
- ☐ individuell
- ☐ selbstsicher

MEIN FINGERABDRUCK

MEIN/E LIEBLINGS...

Musik:

Film/Serie:

Star:

Tier:

Schulfach:

Lehrer/in:

Meine Augenfarbe:

MALE SELBST

Meine Haarfarbe:

MALE SELBST

Meine Lieblingsfarbe:

MALE SELBST

SO GROSS BIN ICH

155
150
145
140
135
130
125
120
115
110
105
100
95
cm

Datum:

PLATZ FÜR FOTOS, ZEICHNUNGEN UND WÜNSCHE

FREUNDE STECKBRIEF

So sehe ich aus

Foto

Mein Name:

Mein Geburtstag:

Hier wohne ich:

So erreichst Du mich:

Mein Sternzeichen:

Meine Klasse:

Mein/e Lehrer/in:

Das macht mir besonders Spaß:

Das mag ich nicht so gerne:

Meine Hobbys:

Das kann ich richtig gut:

Das esse ich gerne:

So würde ich Dich beschreiben:

Das mag ich an Dir:

Wenn ich groß bin, werde ich:

Ich bin...

- ☐ fröhlich
- ☐ witzig
- ☐ kreativ
- ☐ aktiv
- ☐ sensibel
- ☐ neugierig
- ☐ geduldig
- ☐ offen
- ☐ individuell
- ☐ selbstsicher

Mein Fingerabdruck

MEIN/E LIEBLINGS...

Musik:

Film/Serie:

Star:

Tier:

Schulfach:

Lehrer/in:

Meine Augenfarbe:

○ ○ ○ ○ ○ *MALE SELBST*

Meine Haarfarbe:

○ ○ ○ ○ ○ *MALE SELBST*

Meine Lieblingsfarbe:

○ ○ ○ ○ ○ *MALE SELBST*

SO GROSS BIN ICH

155
150
145
140
135
130
125
120
115
110
105
100
95

cm

Datum:

PLATZ FÜR FOTOS, ZEICHNUNGEN UND WÜNSCHE

SO SEHE ICH AUS

FREUNDE STECKBRIEF

Foto

Mein Name:

Mein Geburtstag:

Hier wohne ich:

So erreichst Du mich:

Mein Sternzeichen:

Meine Klasse:

Mein/e Lehrer/in:

Das macht mir besonders Spaß:

Das mag ich nicht so gerne:

Meine Hobbys:

Das kann ich richtig gut:

Das esse ich gerne:

So würde ich Dich beschreiben:

Das mag ich an Dir:

Wenn ich groß bin, werde ich:

ICH BIN...

- [ ] fröhlich
- [ ] neugierig
- [ ] witzig
- [ ] geduldig
- [ ] kreativ
- [ ] offen
- [ ] aktiv
- [ ] individuell
- [ ] sensibel
- [ ] selbstsicher

MEIN FINGERABDRUCK

MEIN/E LIEBLINGS...

Musik: ....
Film/Serie: ....
Star: ....
Tier: ....
Schulfach: ....
Lehrer/in: ....

Meine Augenfarbe:

MALE SELBST

Meine Haarfarbe:

MALE SELBST

Meine Lieblingsfarbe:

MALE SELBST

SO GROSS BIN ICH

155
150
145
140
135
130
125
120
115
110
105
100
95

cm

Datum:

PLATZ FÜR FOTOS, ZEICHNUNGEN UND WÜNSCHE

SO SEHE ICH AUS

Foto

FREUNDE STECKBRIEF

Mein Name: ....

Mein Geburtstag: ....

Hier wohne ich: ....
....

So erreichst Du mich: ....

Mein Sternzeichen: ....

Meine Klasse: ....

Mein/e Lehrer/in: ....
....

Das macht mir besonders Spaß: ....

Das mag ich nicht so gerne: ....

Meine Hobbys: ....
....

Das kann ich richtig gut: ....

Das esse ich gerne: ....

So würde ich Dich beschreiben: ....

Das mag ich an Dir: ....

Wenn ich groß bin, werde ich: ....

ICH BIN...

- ☐ fröhlich
- ☐ neugierig
- ☐ witzig
- ☐ geduldig
- ☐ kreativ
- ☐ offen
- ☐ aktiv
- ☐ individuell
- ☐ sensibel
- ☐ selbstsicher

MEIN FINGERABDRUCK

MEIN/E LIEBLINGS...

Musik:

Film/Serie:

Star:

Tier:

Schulfach:

Lehrer/in:

Meine Augenfarbe:

○ ○ ○ ○ ○ MALE SELBST

Meine Haarfarbe:

○ ○ ○ ○ ○ MALE SELBST

Meine Lieblingsfarbe:

○ ○ ○ ○ ○ MALE SELBST

SO GROSS BIN ICH

155
150
145
140
135
130
125
120
115
110
105
100
95
cm

Datum:

PLATZ FÜR FOTOS, ZEICHNUNGEN UND WÜNSCHE

SO SEHE ICH AUS

FREUNDE STECKBRIEF

Foto

Mein Name:

Mein Geburtstag:

Hier wohne ich:

So erreichst Du mich:

Mein Sternzeichen:

Meine Klasse:

Mein/e Lehrer/in:

Das macht mir besonders Spaß:

Das mag ich nicht so gerne:

Meine Hobbys:

Das kann ich richtig gut:

Das esse ich gerne:

So würde ich Dich beschreiben:

Das mag ich an Dir:

Wenn ich groß bin, werde ich:

ICH BIN...

- [ ] fröhlich
- [ ] neugierig
- [ ] witzig
- [ ] geduldig
- [ ] kreativ
- [ ] offen
- [ ] aktiv
- [ ] individuell
- [ ] sensibel
- [ ] selbstsicher

MEIN FINGERABDRUCK

MEIN/E LIEBLINGS...

Musik:

Film/Serie:

Star:

Tier:

Schulfach:

Lehrer/in:

Meine Augenfarbe:

    ○
MALE SELBST

Meine Haarfarbe:

    ○
MALE SELBST

Meine Lieblingsfarbe:

MALE SELBST

SO GROSS BIN ICH

155
150
145
140
135
130
125
120
115
110
105
100
95
cm

Datum:

PLATZ FÜR FOTOS, ZEICHNUNGEN UND WÜNSCHE

SO SEHE ICH AUS

FREUNDE STECKBRIEF

Foto

Mein Name:

Mein Geburtstag:

Hier wohne ich:

So erreichst Du mich:

Mein Sternzeichen:

Meine Klasse:

Mein/e Lehrer/in:

Das macht mir besonders Spaß:

Das mag ich nicht so gerne:

Meine Hobbys:

Das kann ich richtig gut:

Das esse ich gerne:

So würde ich Dich beschreiben:

Das mag ich an Dir:

Wenn ich groß bin, werde ich:

ICH BIN...

- ☐ fröhlich
- ☐ neugierig
- ☐ witzig
- ☐ geduldig
- ☐ kreativ
- ☐ offen
- ☐ aktiv
- ☐ individuell
- ☐ sensibel
- ☐ selbstsicher

MEIN FINGERABDRUCK

MEIN/E LIEBLINGS...

Musik:

Film/Serie:

Star:

Tier:

Schulfach:

Lehrer/in:

Meine Augenfarbe:

MALE SELBST

Meine Haarfarbe:

MALE SELBST

Meine Lieblingsfarbe:

MALE SELBST

SO GROSS BIN ICH

155
150
145
140
135
130
125
120
115
110
105
100
95

cm

Datum:

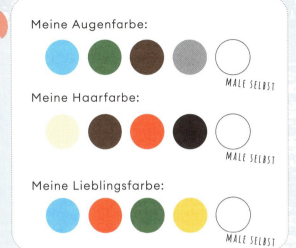

PLATZ FÜR FOTOS, ZEICHNUNGEN UND WÜNSCHE

FREUNDE STECKBRIEF

SO SEHE ICH AUS

Foto

Mein Name: ....
Mein Geburtstag: ....
Hier wohne ich: ....
....
So erreichst Du mich: ....
Mein Sternzeichen: ....

Meine Klasse: ....
Mein/e Lehrer/in: ....
Das macht mir besonders Spaß: ....
Das mag ich nicht so gerne: ....
Meine Hobbys: ....
....
Das kann ich richtig gut: ....
Das esse ich gerne: ....
So würde ich Dich beschreiben: ....
Das mag ich an Dir: ....
Wenn ich groß bin, werde ich: ....

ICH BIN...

☐ fröhlich   ☐ neugierig
☐ witzig   ☐ geduldig
☐ kreativ   ☐ offen
☐ aktiv   ☐ individuell
☐ sensibel   ☐ selbstsicher

MEIN FINGERABDRUCK

MEIN/E LIEBLINGS...

Musik: _____
Film/Serie: _____
Star: _____
Tier: _____
Schulfach: _____
Lehrer/in: _____

Meine Augenfarbe:

○ ○ ○ ○ ○ MALE SELBST

Meine Haarfarbe:

○ ○ ○ ○ ○ MALE SELBST

Meine Lieblingsfarbe:

○ ○ ○ ○ ○ MALE SELBST

SO GROSS BIN ICH

155
150
145
140
135
130
125
120
115
110
105
100
95
cm

Datum:

PLATZ FÜR FOTOS, ZEICHNUNGEN UND WÜNSCHE

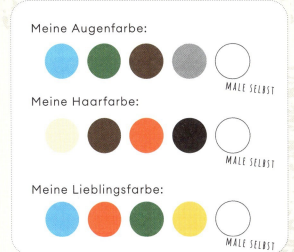

SO SEHE ICH AUS

FREUNDE STECKBRIEF

Foto

Mein Name: _____

Mein Geburtstag: _____

Hier wohne ich: _____

So erreichst Du mich: _____

Mein Sternzeichen: _____

Meine Klasse: _____

Mein/e Lehrer/in: _____

Das macht mir besonders Spaß: _____

Das mag ich nicht so gerne: _____

Meine Hobbys: _____

Das kann ich richtig gut: _____

Das esse ich gerne: _____

So würde ich Dich beschreiben: _____

Das mag ich an Dir: _____

Wenn ich groß bin, werde ich: _____

ICH BIN...

- ☐ fröhlich
- ☐ neugierig
- ☐ witzig
- ☐ geduldig
- ☐ kreativ
- ☐ offen
- ☐ aktiv
- ☐ individuell
- ☐ sensibel
- ☐ selbstsicher

MEIN FINGERABDRUCK

MEIN/E LIEBLINGS...

Musik: ....

Film/Serie: ....

Star: ....

Tier: ....

Schulfach: ....

Lehrer/in: ....

Meine Augenfarbe:

MALE SELBST

Meine Haarfarbe:

MALE SELBST

Meine Lieblingsfarbe:

MALE SELBST

SO GROSS BIN ICH

155
150
145
140
135
130
125
120
115
110
105
100
95
cm

Datum:

PLATZ FÜR FOTOS, ZEICHNUNGEN UND WÜNSCHE

FREUNDE STECKBRIEF

SO SEHE ICH AUS

Foto

Mein Name: ....

Mein Geburtstag: ....

Hier wohne ich: ....
....

So erreichst Du mich: ....

Mein Sternzeichen: ....

Meine Klasse: ....

Mein/e Lehrer/in: ....
....

Das macht mir besonders Spaß: ....

Das mag ich nicht so gerne: ....

Meine Hobbys: ....
....

Das kann ich richtig gut: ....

Das esse ich gerne: ....

So würde ich Dich beschreiben: ....

Das mag ich an Dir: ....

Wenn ich groß bin, werde ich: ....

ICH BIN...

☐ fröhlich ☐ neugierig
☐ witzig ☐ geduldig
☐ kreativ ☐ offen
☐ aktiv ☐ individuell
☐ sensibel ☐ selbstsicher

MEIN FINGERABDRUCK

MEIN/E LIEBLINGS...

Musik:

Film/Serie:

Star:

Tier:

Schulfach:

Lehrer/in:

Meine Augenfarbe:

MALE SELBST

Meine Haarfarbe:

MALE SELBST

Meine Lieblingsfarbe:

MALE SELBST

SO GROSS BIN ICH

155
150
145
140
135
130
125
120
115
110
105
100
95
cm

Datum:

PLATZ FÜR FOTOS, ZEICHNUNGEN UND WÜNSCHE

SO SEHE ICH AUS

FREUNDE STECKBRIEF

Foto

Mein Name:

Mein Geburtstag:

Hier wohne ich:

So erreichst Du mich:

Mein Sternzeichen:

Meine Klasse:

Mein/e Lehrer/in:

Das macht mir besonders Spaß:

Das mag ich nicht so gerne:

Meine Hobbys:

Das kann ich richtig gut:

Das esse ich gerne:

So würde ich Dich beschreiben:

Das mag ich an Dir:

Wenn ich groß bin, werde ich:

ICH BIN...

- ☐ fröhlich
- ☐ witzig
- ☐ kreativ
- ☐ aktiv
- ☐ sensibel
- ☐ neugierig
- ☐ geduldig
- ☐ offen
- ☐ individuell
- ☐ selbstsicher

MEIN FINGERABDRUCK

MEIN/E LIEBLINGS...

Musik:

Film/Serie:

Star:

Tier:

Schulfach:

Lehrer/in:

Meine Augenfarbe:

MALE SELBST

Meine Haarfarbe:

MALE SELBST

Meine Lieblingsfarbe:

MALE SELBST

SO GROSS BIN ICH

155
150
145
140
135
130
125
120
115
110
105
100
95

cm

Datum:

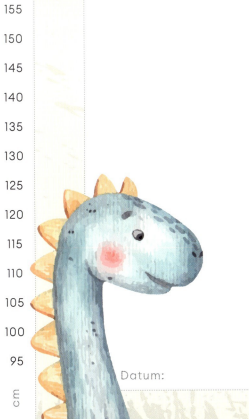

PLATZ FÜR FOTOS, ZEICHNUNGEN UND WÜNSCHE

SO SEHE ICH AUS

FREUNDE STECKBRIEF

Foto

Mein Name:

Mein Geburtstag:

Hier wohne ich:

So erreichst Du mich:

Mein Sternzeichen:

Meine Klasse:

Mein/e Lehrer/in:

Das macht mir besonders Spaß:

Das mag ich nicht so gerne:

Meine Hobbys:

Das kann ich richtig gut:

Das esse ich gerne:

So würde ich Dich beschreiben:

Das mag ich an Dir:

Wenn ich groß bin, werde ich:

ICH BIN...

- ☐ fröhlich
- ☐ witzig
- ☐ kreativ
- ☐ aktiv
- ☐ sensibel
- ☐ neugierig
- ☐ geduldig
- ☐ offen
- ☐ individuell
- ☐ selbstsicher

MEIN FINGERABDRUCK

MEIN/E LIEBLINGS...

Musik:

Film/Serie:

Star:

Tier:

Schulfach:

Lehrer/in:

Meine Augenfarbe:

MALE SELBST

Meine Haarfarbe:

MALE SELBST

Meine Lieblingsfarbe:

MALE SELBST

SO GROSS BIN ICH

155
150
145
140
135
130
125
120
115
110
105
100
95

cm

Datum:

PLATZ FÜR FOTOS, ZEICHNUNGEN UND WÜNSCHE

SO SEHE ICH AUS

Foto

FREUNDE STECKBRIEF

Mein Name:

Mein Geburtstag:

Hier wohne ich:

So erreichst Du mich:

Mein Sternzeichen:

Meine Klasse:

Mein/e Lehrer/in:

Das macht mir besonders Spaß:

Das mag ich nicht so gerne:

Meine Hobbys:

Das kann ich richtig gut:

Das esse ich gerne:

So würde ich Dich beschreiben:

Das mag ich an Dir:

Wenn ich groß bin, werde ich:

ICH BIN...

- ☐ fröhlich
- ☐ neugierig
- ☐ witzig
- ☐ geduldig
- ☐ kreativ
- ☐ offen
- ☐ aktiv
- ☐ individuell
- ☐ sensibel
- ☐ selbstsicher

MEIN FINGERABDRUCK

MEIN/E LIEBLINGS...

Musik: _____
Film/Serie: _____
Star: _____
Tier: _____
Schulfach: _____
Lehrer/in: _____

Meine Augenfarbe:
○ ○ ○ ○ ○
                    MALE SELBST

Meine Haarfarbe:
○ ○ ○ ○ ○
                    MALE SELBST

Meine Lieblingsfarbe:
○ ○ ○ ○ ○
                    MALE SELBST

SO GROSS BIN ICH

155
150
145
140
135
130
125
120
115
110
105
100
95
cm

Datum:

PLATZ FÜR FOTOS, ZEICHNUNGEN UND WÜNSCHE

SO SEHE ICH AUS

FREUNDE STECKBRIEF

Foto

Mein Name:

Mein Geburtstag:

Hier wohne ich:

So erreichst Du mich:

Mein Sternzeichen:

Meine Klasse:

Mein/e Lehrer/in:

Das macht mir besonders Spaß:

Das mag ich nicht so gerne:

Meine Hobbys:

Das kann ich richtig gut:

Das esse ich gerne:

So würde ich Dich beschreiben:

Das mag ich an Dir:

Wenn ich groß bin, werde ich:

ICH BIN...

- [ ] fröhlich
- [ ] neugierig
- [ ] witzig
- [ ] geduldig
- [ ] kreativ
- [ ] offen
- [ ] aktiv
- [ ] individuell
- [ ] sensibel
- [ ] selbstsicher

MEIN FINGERABDRUCK

MEIN/E LIEBLINGS...

Musik:

Film/Serie:

Star:

Tier:

Schulfach:

Lehrer/in:

Meine Augenfarbe:

MALE SELBST

Meine Haarfarbe:

MALE SELBST

Meine Lieblingsfarbe:

MALE SELBST

SO GROSS BIN ICH

155
150
145
140
135
130
125
120
115
110
105
100
95
cm

Datum:

PLATZ FÜR FOTOS, ZEICHNUNGEN UND WÜNSCHE

MEINE KLASSE

MEIN/E LEHRER/IN

MEINE FESTE & AUSFLÜGE

Fotos und Erinnerungen

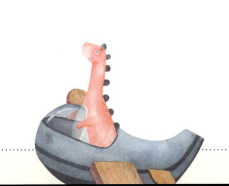

Schulfreunde - JUNGEN

Pia Loewe

PAPERISH Verlag GmbH
Lena-Christ-Straße 2
82031 Grünwald

GESTALTUNG
PAPERISH Verlag GmbH

DRUCK
Buchdruck Zentrum, Deutschland
Printed in EU

Das Werk, einschließlich seiner Teile, ist urheberrechtlich geschützt. Jede Verwertung ist ohne Zustimmung des Verlages und des Autors unzulässig. Dies gilt insbesondere für die elektronische oder sonstige Vervielfältigung, Übersetzung, Verbreitung und öffentliche Zugänglichmachung.

Die Deutsche Nationalbibliothek verzeichnet diese Publikation in der Deutschen Nationalbibliographie; detaillierte bibliographische Daten sind im Internet über www.dnb.de abrufbar.

© 2022 PAPERISH Verlag GmbH
2. Auflage

ISBN 978-3-96895-014-3

Besuchen Sie uns im Internet
www.paperish.de